# ÉTUDE

DE LA

# LOI SUR LES ALIÉNÉS

## DU 30 JUIN 1838

**Par le D' TAGUET**

Médecin adjoint à Villé-Évrard.

PARIS

IMPRIMERIE DE E. DONNAUD,

9, RUE CASSETTE, 9.

1875

# ÉTUDE

## DE LA

# LOI SUR LES ALIÉNÉS

## DU 30 JUIN 1838

Par le D<sup>r</sup> TAGUET
Médecin adjoint à Villé-Évrard.

PARIS

IMPRIMERIE DE E. DONNAUD,

9, RUE CASSETTE, 9.

1875

Extrait des Annales médico-psychologiques
8e Série, tome XIII, Janvier 1875

# ÉTUDE

DE

## LA LOI SUR LES ALIÉNÉS

### DU 30 JUIN 1838

---

« Cette loi, a dit M. Rességuier à l'Assemblée nationale, est une des grandes œuvres d'assistance publique dont le gouvernement parlementaire peut s'honorer à juste titre ; aucune n'a été plus étudiée et mieux discutée. Préparée par le conseil d'État, plusieurs fois remaniée par le ministre qui la présentait, elle fut, avant son adoption définitive, soumise à quatre délibérations solennelles et quatre fois amendée, soit par la chambre des députés, soit par la chambre des pairs. Ainsi faite, avec une sollicitude paternelle, et généralement appliquée avec intelligence et dévouement, elle a réalisé, au profit des infortunés qu'elle concerne, de si grandes améliorations qu'on a peine à croire, aujourd'hui, qu'elles aient été si tardives. »

S'il fut jamais une loi calomniée, dénaturée et contre laquelle l'opinion publique soit le plus prévenue, c'est assurément celle-là ; aussi croyons-nous faire acte de courage en prenant sa défense. Il n'a fallu rien moins que cet éclatant témoignage tombé du haut de la tribune pour nous engager à sortir de la réserve que nous nous étions imposée. A entendre les récriminations incessantes de la presse et du théâtre, elle serait une violation flagrante de la liberté, une mesure inhumaine et presque barbare, à faire regretter l'ancienne législation des aliénés.

Nous ne demandons pas mieux que de suivre le progrès et nous attendons avec impatience cette loi de lait et de miel qui fera le bonheur de nos malades et « rendra les médecins à la dignité professionnelle. »

Une loi, si parfaite qu'elle soit, est soumise à la critique et présente parfois des lacunes qui ne s'aperçoivent qu'avec le temps. Nous avons essayé de les relever en les soumettant à la sanction de personnes plus compétentes et plus expérimentées que nous.

Art. 4. Le préfet et les personnes spécialement déléguées à cet effet par lui ou par le ministre de l'Intérieur, le président du tribunal, le procureur impérial, le juge de paix, le maire de la commune, sont chargés de visiter les établissements publics ou privés consacrés aux aliénés ; ils recevront les réclamations des personnes qui y sont placées, et prendront à leur égard tous les renseignements propres à faire connaître leur position. — Les établissements privés seront visités à des jours indéterminés, une fois au moins chaque trimestre par le procureur impérial de l'arrondissement. Les établissements publics le seront de la même manière, une fois au moins par semestre.

Ce n'est pas nous qui nous plaindrons de ces inspections; comme tous nos confrères, nous les désirons aussi minutieuses et aussi nombreuses que possible. Elles peuvent avoir une importance au point de vue administratif, elles seront presque toujours nulles au point de vue médical. Ne craindra-t-on pas, en effet, de voir renouveler dans nos asiles ce qui est arrivé au chapelain de l'archevêque de Séville. « Il y avait, dit Cervantès, dans la maison des fous de cette ville un jeune gradué que ses parents avaient fait enfermer pour démence. Ce gradué, au bout de quelques mois de retraite, écrivit à l'archevêque que Dieu lui avait fait la grâce de lui rendre la raison, que ses parents, pour jouir de son bien, continuaient à le priver de sa liberté et qu'il demandait justice. L'archevêque, frappé du bon sens qui régnait dans toute la lettre, envoya un de ses chapelains causer avec le jeune homme, s'assurer par lui-même de l'état de sa santé, avec ordre, s'il n'était pas fou, de le faire sortir immédiatement. Le chapelain, après une heure ou deux de conversation, le trouva si raisonnable que, malgré ce que put lui dire le médecin de la maison, il ordonna que le jeune homme fût libre et voulut même l'emmener avec lui voir l'archevêque. Le gradué, revêtu des habits de son état, demanda au chapelain la permission d'aller prendre congé de ses anciens camarades; le chapelain y consentit et l'accompagna. Comme ils passaient ensemble devant la loge des fous, à qui notre jeune homme disait adieu, un de ces fous, couché tout nu sur une natte, se leva et demanda à grands cris quel était celui qui s'en allait : « C'est moi, mon frère, répondit le gradué. Dieu a pris pitié de mon mal, il l'a fait cesser ; j'espère qu'il sera aussi bon pour vous. — Garde-toi de sortir, répondit le fou, si tu veux épargner à Séville l'affreux châtiment que je lui prépare. Tu sais que je suis Jupiter et que je tiens dans mes mains puissantes la pluie, la foudre, la grêle; si tu pars, il ne pleuvra pas. » Le gradué se retourna vers le chapelain : « Ne vous effrayez pas, dit-il; il est vrai qu'il est Jupiter et qu'il peut retenir la pluie; mais comme je suis Neptune, j'inonderai le pays. — Je n'en doute pas, répondit le chapelain ; mais je crois à propos, seigneur Neptune, de ne point fâcher le seigneur Jupiter; en conséquence, rentrez, s'il vous plaît, dans votre petite loge. »

Moins heureux que ce chapelain, les magistrats n'ont pas toujours eu à se féliciter de leur intervention ; témoin le drame encore récent de Saint-Dizier. Disons, cependant, pour être vrai, qu'ils ne nous envient guère nos prérogatives et qu'ils s'en rapportent le plus souvent à notre jument.

Nous n'avons pas la prétention d'être infaillible ,

mais eux, le sont-ils davantage? Ici, comme ailleurs, à chacun son rôle.

L'honorabilité professionnelle sera toujours la meilleure garantie contre les séquestrations illégales. Ajoutez-y le contrôle de chaque jour du personnel attaché à l'asile.

Où sont donc ces petites bastilles qui s'ouvrent avec une lettre de cachet? montrez-nous donc ces abus de pouvoir ? Pendant longtemps on nous a jeté à la face celui de l'avocat Sandon; l'autopsie a répondu d'une manière victorieuse à ces accusations. Ces médecins, « à qui il plaît de se dire aliénistes, » ont pour eux, à défaut de la science que vous leur refusez, parce qu'ils ne connaissent point à quel point précis commence la folie et finit la raison, l'habitude et l'expérience. Grâce à Dieu, on ne nous a pas encore fait l'injure, que je sache, de nous accuser de violer la liberté dans un intérêt personnel; on ne nous a pas encore appliqué l'épithète « de vendus; » ce serait là le summum du grotesque. Il me vient à l'esprit une maxime de Franklin qui peut trouver ici son application la plus rigoureuse: « Médire sans dessein, dit-elle, c'est bêtise; médire avec méchanceté, c'est noirceur. » Nous laissons à nos détracteurs le soin de tirer la conclusion.

Mais arrivons au *desideratum* que nous voudrions voir figurer dans l'article précité.

Depuis que la folie n'est plus une honte et le fou un paria, les familles envoient leurs malades soit dans un asile public, soit dans une maison privée. Il en est encore, cependant, qui, en vertu de la routine ou par un sot orgueil, les retiennent auprès d'eux ou les confient à des particuliers qui ne peuvent et n'ont aucun pouvoir de les soigner. Les communautés religieuses gardent assez volontiers ceux de leurs membres que vient à frapper l'aliénation mentale. Sans trop nous émouvoir des accusations portées contre elles, nous croyons qu'il y a eu quelques abus. Pourquoi les particuliers et les ordres religieux échapperaient-ils au contrôle de l'autorité? Pourquoi ne pas suivre dans ce cas la législation usitée en Allemagne et en Suisse ou emprunter à la loi belge l'article suivant. « Nulle personne ne peut être séquestrée dans son domicile ou celui de ses parents, ou des personnes qui en tiennent lieu, si l'état d'aliénation mentale n'est pas constaté par deux médecins désignés, l'un par la famille et les parties intéressées, l'autre par le juge de paix du canton qui s'assurera par lui-même de l'état du malade et renouvellera ses visites au moins une fois par trimestre.

Indépendamment des visites personnelles du juge de paix, ce magistrat se fera remettre trimestriellement un certificat du médecin de la famille aussi longtemps que durera la séquestration et fera d'ailleur visiter l'aliéné par tel médecin qu'il désignera, chaque foisqu'il le jugera nécessaire. »

Art. 8. Les chefs ou préposés responsables des établissements publics et les directeurs des établissements privés consacrés aux aliénés ne pourront recevoir une personne atteinte d'aliénation mentale, s'il ne leur est remis — : 1° Une demande d'admission contenant les noms, profession, âge et domicile, tant de la personne qui la formera que de celle dont le placement sera réclamé, et l'indication du degré de parenté, ou, à défaut, de la nature des relations qui existent entre elles. — La demande sera écrite et signée par celui qui la formera ; et, s'il ne sait pas écrire, elle sera reçue par le maire ou le commissaire de police, qui en donnera acte. Les chefs, préposés ou directeurs devront s'assurer, sous leur responsabilité, de l'individualité de la personne qui aura formé la demande, lorsque cette demande n'aura pas été reçue par le maire ou le commissaire de police. Si la demande est formée par le tuteur d'un interdit, il devra fournir, à l'appui, un extrait du jugement d'interdiction. — 2° Un certificat de médecin constatant l'état mental de la personne à placer, et indiquant les particularités de sa maladie et la nécessité de faire traiter la personne désignée dans un établissement d'aliénés, et de l'y tenir renfermée. — Ce certificat ne pourra être admis s'il a été délivré plus de quinze jours avant sa remise au chef ou directeur, ou s'il est

signé d'un médecin attaché à l'établissement ou si le médecin
signataire est parent ou allié au second degré inclusivement des
chefs ou propriétaires de l'établissement, ou de la personne qui
fera effectuer le placement. — En cas d'urgence, les chefs des
établissement publics pourront se dispenser d'exiger le certificat du médecin. — 3° Le passeport ou toute autre pièce propre
constater l'individualité de la personne à placer.

C'est assurément le passage de la loi qui a été le plus
commenté et le plus discuté. Le certificat d'un seul médecin n'a pas semblé suffisant pour priver un homme de sa
liberté, et dans un projet de loi soumis à la Chambre en
mars 1870, MM. Gambetta et Magnin demandaient l'insti-
tution d'un jury de douze membres qui aurait à prononcer
sur l'état de folie ou de raison des individus. Ce projet n'est
ni rationnel ni applicable. La convocation de ce nouveau
tribunal au chef-lieu d'arrondissement demandera toujours
un certain temps; la folie n'attend pas, quelques heures ou
quelques jours de plus grossissant le nombre des crimes qu'on
lui impute. « Un des médecins d'Asnières, lisons-nous
dans un journal de 1871 donnait depuis quelque temps des
signes d'aliénation mentale. Sa mère, justement inquiète de
son excitation maniaque qu'elle voyait augmenter chaque
jour, demanda chez cinq docteurs un certificat de folie qui
lui fut refusé. Par ce temps de trouble où nous vivons, ils ne
voulaient pas s'exposer à voir leur nom mêlé à quelque vague
accusation de séquestration arbitraire et intéressée. Le
commissaire de police ne voulait pas intervenir non plus,
pour qu'on ne lui reprochât pas d'avoir porté atteinte à la
liberté individuelle. Le malade, dont le délire grandissait
toujours, en arriva jusqu'à l'impulsion homicide, aveugle,
irrésistible. Il blessa son concierge de deux coups de poi-
gnard; c'est alors qu'on l'arrêta mais à grand-peine et qu'il
fut placé d'office à Charenton. »

Avons-nous besoin de dire que le délire de persécution
est le symptôme le plus dominant et celui qui manque le
plus rarement dans toutes les formes d'aliénation mentale;

croit-on que la vue de ce nouveau tribunal soit bien de nature à le faire disparaître? Le plus souvent, il n'aura d'autre effet que de rendre incurable une affection qui ne l'était pas au début. D'un autre côté, les familles se prêteront-elles à ce contrôle? Quel père traduira devant le jury sa fille dont la folie pervertit les instincts? quel mari se résignera à y exposer sa femme dont l'hystérie déprave le langage et les gestes? etc..... Le médecin habitué à ces misères humaines doit seul les connaître, parce que seul il est compétent, parce que seul il est tenu au secret médical. Bien des malades ont passé par la maison de santé, à l'insu de tout le monde, et ont retrouvé après leur guérison leur réputation et leur fortune intactes. Que serait-il arrivé, s'ils avaient dû subir l'examen de douze jurés?

M. Donnet, médecin en chef de l'asile de Limoges, trouve que l'on passe peut-être un peu légèrement sur les formalités nécessaires pour l'admission, surtout pour les placements volontaires. « Il faudrait, dit-il, que pour chaque malade dont on réclame la séquestration, l'autorité judiciaire ou administrative requît un ou deux médecins, à l'effet d'examiner s'il y a lieu d'ordonner cette séquestration. »

Il y a, à notre avis, un moyen bien plus simple, c'est d'exiger sur le certificat de placement un visa du magistrat le plus proche, juge de paix, président du tribunal, ou procureur de la République. Pourquoi, par un article additionnel à la loi, ne pas leur faire partager, jusqu'à un certain point, la responsabilité de la séquestration? c'est principalement au début de l'affection, alors que le malade peut rarement dissimuler, que cette intervention peut être de quelque utilité, si tant est qu'elle le soit.

Ce certificat pourrait être plus complet; le plus souvent en province, il se borne à constater que le malade est fou. Voici ce que nous lisons dans une revue des journaux anglais par M. Dumesnil : « Le Dr Brushfield, dans son rapport sur l'asile de Surrey, se plaint de l'insuffisance des

certificats présentés au moment de l'admission des malades.
Il voudrait que ce fût au médecin de répondre à certaines
questions dont se charge ordinairement l'enquête administrative; il indique parmi ces questions qui seraient obliga-
toires et que le praticien aurait toute latitude de développer,
les suivantes : 1° durée de l'attaque actuelle; 2° cause sup-
posée; 3° Le malade est-il sujet à l'épilepsie; 4° est-il porté
au suicide; 5° est-il dangereux pour les autres? »

Le D<sup>r</sup> Brushfield a raison, et il serait à désirer qu'en
France, par exemple, il se trouvât dans toutes les mairies
des modèles de certificats contenant les questions indispen-
sables qui guideraient le médecin dans ses réponses et dans
ses investigations pour la rédaction de cette pièce nécessaire
à l'admission des malades, pièce qui peut être si utile, à
tous les points de vue, au médecin de l'asile. »

Art. 11. Quinze jours après le placement d'une personne
dans un établissement public ou privé, il sera adressé au préfet, conformément au dernier paragraphe de l'art. 8, un nouveau certificat du médecin de l'établissement; ce certificat con-
firmera ou rectifiera, s'il y a lieu, les observations contenues
dans le premier certificat, en indiquant le retour plus ou
moins fréquent des accès ou des actes de démence.

Le certificat de vingt-quatre heures est établi par le médecin en chef; il en est de même de celui de quinzaine.
Pourquoi ne pas confier la rédaction de celui-ci au médecin
adjoint avec le contrôle du chef de service? ce serait une
nouvelle garantie qui ne peut en rien détruire le prestige
de l'autorité nécessaire dans tout asile. A défaut du médecin
adjoint, ne pourrait-on pas confier ce soin aux praticiens
chargés par le Préfet de remplacer, en cas d'absence, le
médecin de l'établissement? Nous ne saurions trop le répéter,
ce sera là, croyons-nous, le meilleur contrôle, tout autre
étant difficile et insuffisant.

M. le D<sup>r</sup> Dagron emploie à Ville-Evrard un moyen bien simple d'empêcher toute séquestration illégale. Voici comment il procède :

A son entrée à l'asile, le malade est reçu et interrogé par l'interne de service ; le lendemain il procède lui-même à un second examen. Huit jours après, l'interne voit de nouveau le malade et relate dans une observation détaillée l'état physique du malade, l'état mental, la forme de la maladie, le traitement suivi jusqu'alors. Le médecin adjoint, à son tour, complète ces données et y ajoute parfois les renseignements qu'il a pu recueillir de la famille. C'est avec ces documents et par un nouvel examen que M. le directeur rédige son certificat de quinzaine. Les notes mensuelles sont prises dans chaque quartier, en présence de tous les malades, du service médical et pharmaceutique, du surveillant en chef et des gardiens. C'est une bonne et excellente mesure que nous ne pouvons qu'approuver.

Art. 14. Avant même que les médecins aient déclaré la guérison, toute personne placée dans un établissement d'aliénés cessera également d'y être retenue, dès que la sortie sera requise par l'une des personnes ci-après désignées: 1º le curateur nommé en exécution de l'art 38 de la présente loi ; 2º l'époux ou l'épouse : 3º s'il n'y a pas d'époux ou d'épouse, les ascendants ; 4º s'il n'y a pas d'ascendants, les descendants; 5º la personne qui aura signé la demande d'admission, à moins qu'un parent n'ait déclaré s'opposer à ce qu'elle use de cette faculté sans l'assentiment du conseil de famille ; 6º toute personne à ce autorisée par le conseil de famille.

L'application de ce paragraphe de la loi peut avoir les conséquences les plus graves, tant au point de vue de l'intérêt des familles qu'au point de vue de la morale. Qu'on nous permette d'en signaler quelques unes en les appuyant d'exemples. Nous avons connu à l'asile de ..... un pauvre malade, à demi-imbécile et gâteux, qui, par une de ces bizarreries du hasard, avait été marié à une jeune femme fort belle et fort coquette. Elle ne tarda pas à faire séquestrer son mari et à oublier l'art. 212 du Code civil, où sont inscrits les devoirs réciproques des époux comme compensation, elle apprenait l'art. 312 qui veut que l'enfant conçu pendant le mariage ait pour père le mari.

Sur ses instances, S..... fut rendu à son affection et séquestré de nouveau à quelques jours de là. Deux ans après, même oubli, mêmes démarches. Notre malade trouva que, pendant son absence, la fortune lui était venue en dormant, mais ne s'en inquiéta pas davantage. Deux mois après, nouvelle séquestration.

Nous avons en ce moment à Ville-Evrard un jeune homme qu'une veuve, dans un état de grossesse avancée, a essayé de faire sortir par tous les moyens, afin de l'épouser.

Un autre nous accuse de séquestration illégale, parce que nous gardons sa femme et qu'il ne peut toucher une rente qui est sur sa tête.

Aujourd'hui, c'est un père qui fait sortir son fils pour lui arracher une signature ; demain il le fera réintégrer, après s'être emparé de son bien ; un autre le dépouillera au profit d'un de ses frères.

D'autres, plus hardis coquins, se présentent dans les parloirs et profitent du moment où les surveillants sont occupés, pour obtenir par des menaces ou des promesses des actes antidatés.

Comment remédier à ces déplorables abus ? c'est un soin que nous laissons aux législateurs.

Art. 31. Les commissions administratives ou de surveillance des hospices ou établissements publics d'aliénés exerceront, à l'égard des personnes non interdites qui y seront placées, les fonctions d'administrateurs provisoires ; elles désigneront un de leurs membres pour les remplir : l'administrateur ainsi désigné procédera au recouvrement des sommes dues à la personne placée dans l'établissement, et à l'acquittement de ses dettes ; passera des baux qui ne pourront excéder trois ans, et pourra même, en vertu d'une autorisation spéciale accordée par le président du tribunal civil, faire vendre le mobilier, etc.

Cet article de la loi n'atteint pas les aliénés placés dans des maisons privées. Il y a là à nos yeux un oubli regrettable qui laisse une trop large part au vol et aux convoitises de toutes sortes. De ce que ces malades sont dans l'aisance, quelquefois dans la richesse, il ne faudrait pas en conclure qu'un patronage soit moins efficace pour eux que pour les indigents. Il ne manque pas de gens toujours prêts à exploiter le malheur. Avant que l'interdiction ait été prononcée, ce qui demande toujours un certain temps, le malheureux malade, qui jouit de ses droits civils, peut se trouver ruiné par une mauvaise gestion de ses affaires, où par l'inconduite où la malhonnêteté des siens. — Ce qui aurait été évité, s'il avait joui d'une tutelle légale, en attendant qu'il ait été pris des mesures définitives à son égard. Nous voudrions voir ce patronage suivre les aliénés au dehors.

A leur sortie de prison, les condamnés trouvent dans les Sociétés philanthropiques un appui et un secours contre la misère ; moins favorisés qu'eux, les aliénés sont jetés sur le pavé de nos grandes villes, sans savoir ou diriger leurs pas, sans que personne leur tende la main pour leur aider à remonter l'âpre chemin de la vie. Le découragement, le désespoir ne tardent guère à assaillir leur âme ; de là à la folie il n'y a qu'un pas  Ne pourrait-on pas remédier à cet état de choses, soit en élevant le pécule, soit en portant au budget une somme aussi minime qu'elle soit pour venir en aide aux aliénés ? La dépense première serait bien petite, à côté de l'économie définitive.

Nous ne nous dissimulons pas que quelques malades, principalement les alcooliques, gaspilleront leur argent le jour même de leur sortie, et que c'est leur fournir l'occasion d'une rechute immédiate ; mais à côté de cela, que de guérisons chancelantes seront confirmées, et faut-il pour quelques abus renoncer au plus saint des devoirs, celui de secourir son prochain? Cette idée n'est pas neuve et dans quelques départements on a autorisé les directeurs d'asile à donner

à chaque indigent une somme variant de 10 à 15 francs. A
Paris, le Conseil général a voté l'année dernière une subven-
tion annuelle de 5,000 fr. à l'ouvroir de Grenelle, destinée à
venir en aide aux aliénées indigentes qui vont lui demander
du travail, en attendant de pouvoir s'en procurer au dehors.
Mais pourquoi n'en pas faire une mesure générale pour
toute la France?

Telles sont les observations importantes qui nous ont été
suggérées par la lecture de cette loi; à part les quelques
lacunes que nous avons cru devoir signaler, elle nous a
paru répondre à toutes les exigences. Si elle a donné lieu à
quelques réclamations, cela provient de la manière dont on
l'applique, ou plutôt dont on ne l'applique pas.

Paris.—Imprimerie de E. DONNAUD, rue Cassette, 9.

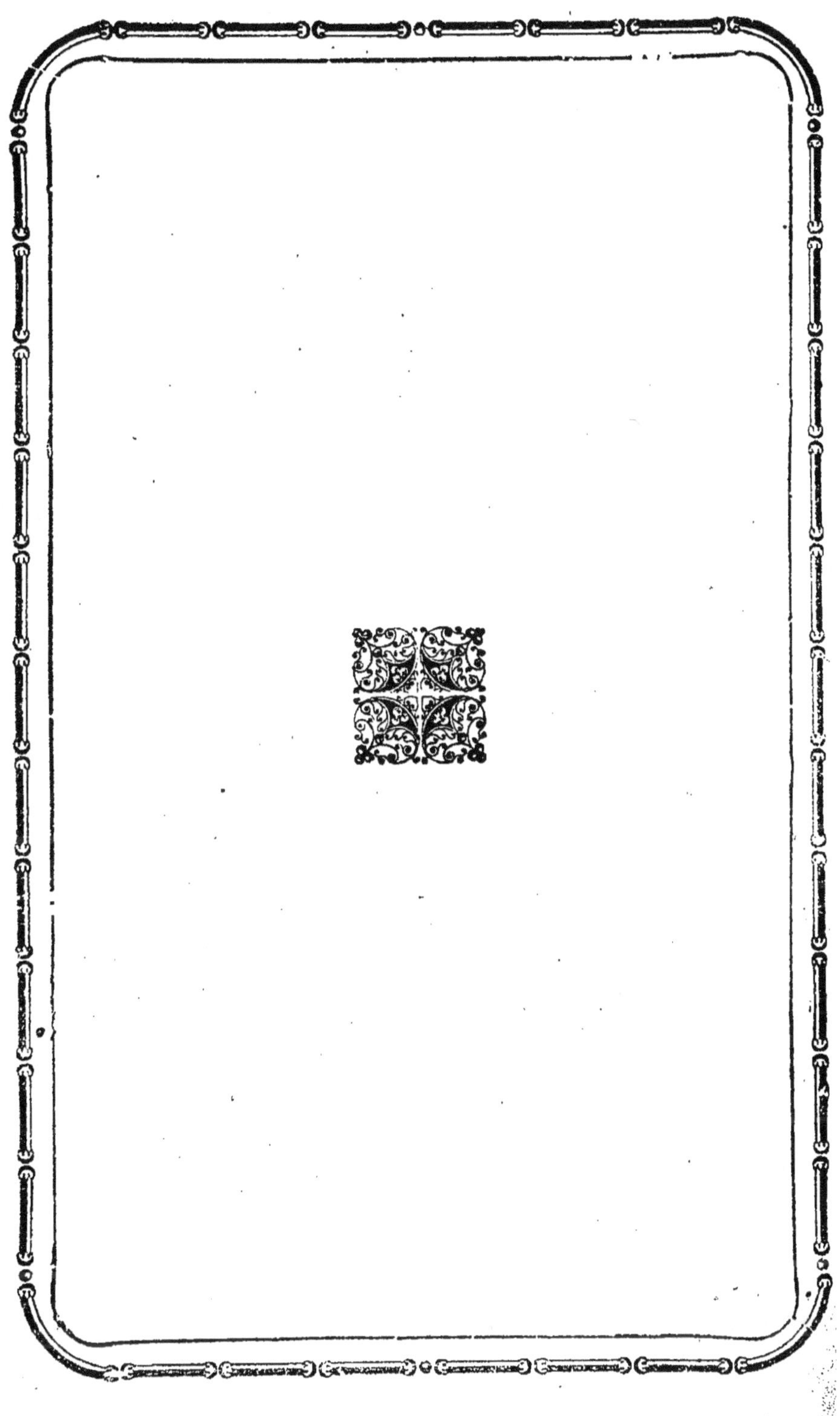